MIT MIA MAMMUT IN DIE EISZEIT

DIE GESCHICHTE DER ICE AGE-STARS

HALLO, ICH BIN MIA

und ich erzähle dir die spannendsten Geschichten von meinen Freunden aus der Eiszeit. Ich war damals eine ziemlich große Nummer und kenne die unglaublichsten Geheimnisse. Bei den Partys, bei denen ich dabei war, tummelten sich viele Eiszeit-Stars. Wir hatten jede Menge Spaß, aber ich habe auch die fiesesten Sachen beobachtet. Du wirst staunen!

MIT MIA MAMMUT IN DIE EISZEIT

DIE GESCHICHTE DER ICE AGE-STARS

Illustriert von Rob Hodgson
Text von Eiszeit-Experte Mike Benton

INHALT

ALLE WÖRTER MIT * FINDEST DU IM EISZEIT-GLOSSAR

RIESENGEIER
Paula
S. 32
WOLLNASHORN
Hektor
S. 36
RIESENFAULTIER
Der lässige Louis
S. 24
GIGANTOPITHECUS
Greg, der Riesenaffe
S. 12
RIESENEISBÄR
Ursula
S. 14
STEPPENBISON
Steffi
S. 22
ARKTISCHE ZIESEL
Der flauschige Fanclub
S. 26
KURZNASENBÄR
Maria
S. 30
TITANOBOA
Schurken-Schorsch
S. 16

WARUM WAR DIE EISZEIT SO KALT?

Unsere Eiszeit begann vor ca. 2,6 Millionen Jahren und wird von den Wissenschaftlern als Pleistozän* bezeichnet. Damals sank die Temperatur auf der Erde und es blieb für sehr lange Zeit sehr kalt. Auf der ganzen nördlichen Erdhalbkugel bildeten sich riesige Eisfelder und das Land war das ganze Jahr über mit Schnee bedeckt (für uns Mammuts war es definitiv ein wenig kühl). Brrrrr!

WELTALL

Dass es plötzlich so frostig wurde, lag vielleicht daran, dass sich die Erde anders um die Sonne bewegte als vorher.

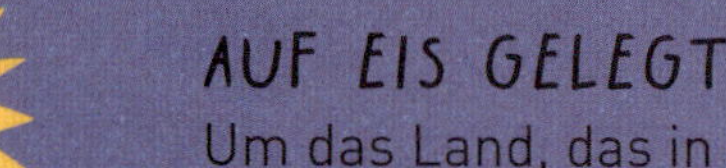

AUF EIS GELEGT

Um das Land, das in Richtung Nordpol weggetrieben war, wuchs ein Ring aus Eis. Die Sonnenstrahlen, die auf diese Eisfelder trafen, wurden zurück in den Weltraum geschickt. Deswegen wurde es auf der Erde noch kälter und es bildete sich immer mehr Eis.

DA LIEGT WAS IN DER LUFT

Es gab echt gruselige Vulkanausbrüche und mehr Treibhausgase* als vorher. Die Sonnenstrahlen kamen nicht mehr so gut auf der Erde an.

ENDET NIE!

Unsere fabelhafte Eiszeit hat eigentlich nie aufgehört, sie ist bloß in eine wärmere Phase übergegangen. Wissenschaftler nennen sie das Holozän* oder die Nacheiszeit. Also bist auch du ein Eiszeit-Star, genauso wie ich!

SO TAUST DU EIN WOLLHAARMAMMUT AUF

Vor 40.000 Jahren stolperte meine tollpatschige Assistentin Butterblümchen über ihre eigenen Füße und fiel in einen Sumpf. Dank der frostigen Temperaturen blieb sie darin als Eisklotz perfekt erhalten. Butterblümchen wollte ja immer schon so berühmt sein wie ich. Jetzt ist sie es, denn Wissenschaftler auf der ganzen Welt sind richtig wild darauf, sie kennenzulernen – und aufzutauen! Und das geht so:

1. NIMM EIN TIEFGEFRORENES MAMMUT

Butterblümchen war für eine ziemlich lange Zeit in der Erde, man muss also sehr vorsichtig vorgehen.

2. COOL BLEIBEN

Damit Butterblümchen nicht auseinanderbricht, muss sie sehr langsam aufgetaut werden. Bevor es losgeht, wird der überdimensionale Eiswürfel am besten in einem richtig kalten Eiskeller aufbewahrt.

3. NICHT ZU HEISS

Einige Wissenschaftler haben tatsächlich Gestelle mit vielen Haartrocknern verwendet, um das gefrorene Mammut langsam aufzutauen.

4. AUGEN AUF

Halte Ausschau nach kleinen Pflanzenteilen, die vielleicht zusammen mit dem Mammut-Körper eingefroren sind. So kannst du fantastische neue Dinge über Butterblümchens Umgebung erfahren.

WOLLHAARMAMMUT

MIA MAMMUT

NORDHALBKUGEL

Ihr kennt mich ja schon: Ich bin Mia und werde eure Eiszeit-Reiseleiterin sein. Nachdem ich über die gesamte nördliche Erdhalbkugel gewandert bin, fühle ich mich super qualifiziert für diese Aufgabe. Ich habe nie ein Abenteuer ausgelassen und steckte unterwegs ein paar Mal echt in der Klemme (die Neandertaler* hatten für meinen Geschmack ein bisschen zu großen Appetit auf Mammutfleisch). Aber ich bin eine Überlebenskünstlerin.

Ich hatte eine dünne Schicht aus feinem Fell, sie konnte die Wärme speichern. Darüber trug ich einen struppigen, rotblonden Mantel, der mich trocken hielt, und so war ich für jedes Wetter bestens ausgestattet. Aber wundere dich nicht, dass in meiner Herde* niemand so aussah wie ich – wir hatten alle andere Farben! Meine Cousine Emilia war berühmt für ihre glänzenden, kastanienbraunen Locken und Tante Boo war fast schwarz.

SCHLAMMBAD

Warum weißt du so genau, wie ich aussah? – Weil erst kürzlich einige meiner Verwandten im Eis gefunden wurden, perfekt konserviert. Ein paar dieser Vielfraße hatten sogar noch ihr Frühstück im Magen. 2012 fand ein Junge ein Mammut, als er mit seinem Hund Gassi ging. Wer wird wohl der nächste Mammut-Entdecker sein? Vielleicht sogar du?

BLUMIGE FESTGELAGE

Mammuts wie ich fanden ihr Essen, indem sie mit ihren langen, gebogenen Stoßzähnen den Schnee vom Boden schaufelten. Meine Familie hatte eine große Schwäche für Wildblumen (die Pflanzen waren randvoll mit gesundem Eiweiß!). Ich fraß am liebsten Butterblumen, die ich mit meinem Rüssel pflückte.

WARUM IST EIN MAMMUT WIE EIN BAUM?

Nein, das ist kein Witz. Meine Stoßzähne waren so dick wie Baumstämme, und ihr hättet mein Alter an den Jahresringen darin erkennen können – so wie bei einem Baumstamm, wenn man ihn quer durchschneidet.

ZURÜCK VON DEN TOTEN

Würdet ihr gerne ein totes Wollhaarmammut zum Leben erwecken? Einige clevere Wissenschaftler hoffen, dass sie es irgendwann schaffen, mich zu klonen*. Dazu nehmen sie meine DNA* und meinen nächsten lebenden Verwandten, den asiatischen Elefanten. Das kann ja ganz schön haarig werden!

→ um mehr über die Neandertaler herauszufinden, blättere weiter bis auf S. 42.

SÄBELZAHNKATZE

STELLA, DER EISZEIT-STAR

USA

Wenn du Stella einmal gesehen hast, musst du immer an sie denken! Stellas Markenzeichen war ihr strahlendes Lächeln, und mit ihren Eckzähnen, die bis zu 30 Zentimeter lang werden konnten, war sie nur sehr schwer zu übersehen. Wenn du nun denkst, dass Katzen, die lächeln, nicht beißen, dann könnte das ein tödlicher Irrtum sein.

ALL-YOU-CAN-EAT

Mit Vergnügen machte Stella den Witz, dass sie das Wollnashorn zum Fressen gernhatte. Wir fanden das aber überhaupt nicht witzig. Tatsächlich waren ihre Lieblingsessen Hirsch, Bison und Kamel.

Man sagt, dass Stella immer auf der Suche nach einem guten Zahnarzt war. Peinlicherweise waren ihre Beißerchen eher spröde und zerbröckelten wie nichts! Aber komisch, kein Zahnarzt hatte einen Termin frei ...

DEN MUND GANZ SCHÖN VOLL

Wie eine Schlange konnte auch Stella ihr Maul ziemlich weit aufmachen und jeden, auf den sie gerade Appetit hatte, ruck, zuck mit einem kräftigen Biss erledigen.

TÖDLICHE DIVA

Mit ihrem dicken Hals und den kurzen Beinen war Stella nicht gerade die eleganteste aller Katzen, aber ihr durchtrainierter Körper war ziemlich perfekt, um Beute* zu verfolgen und zu fangen.

GIGANTOPITHECUS

GREG, DER RIESENAFFE

CHINA

Greg wollte nie reich und berühmt werden, aber er wurde trotzdem sehr bekannt. Er und seine friedliebende Gang liebten es, im Himalaya-Gebirge eine ruhige Kugel zu schieben. Unglücklicherweise gab es dort auf einmal viel Rummel um einen Schneemenschen – den Yeti*. Der sah wie ein Riesenaffe aus und alle dachten, Greg wäre der Yeti. Greg hat sich damit abgefunden, dass viele zu ihm pilgerten – aber bitte ihn bloß nicht um ein Autogramm!

BERG-EREMIT

Greg genoss das einfache Leben und Essen war seine Lieblingsbeschäftigung. So wie ich brauchte er eine ganze Menge, um satt zu werden. Zwischen seinen Mahlzeiten, die aus Samen, Früchten und Bambus bestanden, saß er nur da, meditierte oder zottelte herum.

GROSSE TRÄUME

Wenn Greg sich aufrichtete, war er mehr als 3 Meter groß. Er wog ganze 500 Kilo und träumte davon, auf Bäume zu klettern, wie einige seiner kleineren Verwandten. Aber er war einfach zu riesig dafür. Das hielt ihn allerdings nicht davon ab, es zu versuchen. An den umgeknickten Bäumen konnte jeder erkennen, wie oft Greg es probiert hatte.

IDENTITÄTSKRISE

Viele verwechselten Greg mit dem Yeti. Später habe Forscher in China seine Zähne gefunden und dachten, dass er ein Drache war. Was für ein Glück, dass er das nicht miterleben musste.

RIESENEISBÄR

URSULA

ARKTIS

Ursula liebte es, zu singen. Na gut, ich geb's zu, für uns hörte es sich eher wie Heulen und Jaulen an. Aber würdet ihr jemanden verärgern wollen, der auf allen Vieren schon 1,80 Meter hoch und 3,80 Meter lang ist, mehr als 1,10 Tonnen wiegt und den Rekord als größtes, fleischfressendes* Landsäugetier aller Zeiten hält? Wenn Ursula der Meinung war, dass sie sehr schön singt, dann stimmten wir alle freudig zu!

Wie alle Musikstars war auch Ursula eitel. Sie trug immer einen schicken, dicken, weißen Mantel, der Wasser abhalten konnte. Dank dieses Mantels war sie in schneeweißer Umgebung kaum zu erkennen und konnte jederzeit den nächsten Fan überraschen ... oder die nächste Mahlzeit.

TAPETENWECHSEL

Rieseneisbären kamen ursprünglich nicht aus der Arktis, sondern aus England. Von da wanderten sie langsam immer weiter nach Norden. Dabei passten sie sich Schritt für Schritt an die ungemütliche Umgebung an.

SCHWIMMSTIL

Um ihr Publikum zu beeindrucken, musste Ursula sich fit halten. Jeden Morgen sprang sie in das eisige Wasser. Eine dicke Fettschicht hielt sie warm, und mit ihren riesigen Pfoten, die Schwimmhäute hatten, paddelte sie. So kam sie super schnell voran.

FLEISCH, FLEISCH, FLEISCH

Rieseneisbären wie Ursula mussten eine ganze Menge Fleisch verdrücken. Je größer sie im Laufe der Zeit wurde, desto größer wurde auch ihre Beute! Manchmal besorgte sie sich eine Mahlzeit, indem sie andere Raubtiere von deren Futter wegjagte und sich das Fleisch schnappte. Mit vollem Bauch war Ursula in Höchstform!

TITANOBOA

SCHURKEN-SCHORSCH

KOLUMBIEN

Ich habe Schorsch nie kennengelernt, aber die Geschichten über sein schlimmes Benehmen verbreiteten sich aus seiner Heimat im Cerrejón-Becken* bis zu uns. Schorsch war der Ganove der Eiszeit – einer dieser Typen, die jeder liebend gerne hasst.

Alles begann, als Schorsch einen Freund auf einer Boa-Party beeindrucken wollte, wo er ein Krokodil mit einem Bissen verschlang. Damit war er auf den Geschmack gekommen und verspeiste von da an ein Krokodil zum Frühstück, zum Mittagessen und zum Abendbrot. Dazwischen gönnte er sich noch ein paar fischige Happen.

GLITSCHIGE ÜBERRASCHUNG

Schorsch war von seiner Umgebung kaum zu unterscheiden und deshalb perfekt getarnt. Seine Lieblingsbeschäftigung war, sich so nah wie möglich an sein Opfer heranzuschlängeln, ohne gesehen zu werden. Nichts liebte er mehr, als den ganzen Tag halb untergetaucht im flachen Wasser des Amazonas* herumzuhängen und seinen nächsten Überfall zu planen.

KALTER KILLER

Wir warfen Schorsch nicht vor, dass er ein kaltblütiger Killer war: So war er eben. Doch sein Ruhm hielt nicht sehr lange an ... Die schnell sinkenden Temperaturen der Eiszeit bedeuteten für Reptilien* wie Schorsch nicht gerade gute Zeiten!

ÜBERGRÖSSE

Titanoboas wie Schorsch waren die größten Schlangen, die jemals auf der Erde herumschlichen. Sie konnten bis zu 13 Meter lang werden (das ist länger als ein Bus!) und wogen ganze 1,3 Tonnen.

DOEDICURUS

PANZERPAUL

BOLIVIEN

Für einen überzeugten Pflanzenfresser* war Panzerpaul überraschend streitlustig. Er war wohl der miesepetrigste Vegetarier in Südamerika und seine schlagfertigste Waffe war sein schwerer, starrer Schwanz.

Wie jeder echte Ritter war Panzerpaul groß und stark. (Er hätte sonst zwischen den riesigen Kurznasenbären wohl nicht lange überlebt.) Außerdem sah er ziemlich angsterregend aus – er hatte nämlich keine Vorderzähne, weshalb er ein wenig unheimlich in die Gegend glotzte!

PERFEKTER SCHUTZ

Keine von Menschen gemachte Rüstung hätte es mit dem harten Rückenpanzer* des Doedicurus aufnehmen können. Er bestand aus kleinen, miteinander verbundenen Knochenstücken und war unglaublich beweglich. Selbst nach 2 Millionen Jahren, als man solche Panzer fand, funktionierten sie noch.

ALLZEIT BEREIT

Ein Doedicurus hatte unter seinem Rückenpanzer einen Fettspeicher. Der Speicher sorgte in der eisigen Kälte für Wärme.

RITTERKEULE

Mit 4 Metern Länge und einem Gewicht von 2 Tonnen gewann Panzerpaul ganz leicht sämtliche Schlachten. Um seine Rivalen zu zerschmettern, schwang er einfach seinen mit Stacheln bespickten Schwanz wie eine große Keule – von einer Seite zur anderen.

SÄBELZAHNLACHS

KEVIN

USA

Der fischige Herzensbrecher Kevin wurde zum Helden seiner Schule, als er herausfand, wie man stromaufwärts zu den Kiesbetten schwimmt, wo die Fische ihre Eier ablegten. Als die Fische nämlich an einen Wasserfall kamen, dachten sie, sie wären in einer Sackgasse – bis Kevin mutig den Wasserfall hinaufsprang!
Das machen die Lachse heute Kevin zu Ehren immer noch so.

PAPAS AUFGABE

Das Säbelzahnlachs-Männchen verteidigte die Eier des Weibchens. Das ist bei den Lachs-Männchen noch heute so. Kevins spitze Zähne waren echt praktisch und sehr wirkungsvoll, wenn ein anderes Männchen ihnen zu nahe kam.

AUF DEN FANGZAHN GEFÜHLT

Allein der Gedanke an Kevin ließ mich blass vor Angst werden – bis ich ihn kennenlernte! Seine furchteinflößenden Fangzähne und seine Größe waren der Grund für seinen schlechten Ruf: Er war 2 Meter lang und wog 177 Kilo. Kevin war jedoch ein total entspannter Typ, der gar nicht vorhatte, den Ozean in Angst und Schrecken zu versetzen. Er wollte einfach nur Wellenreiten.

SUPER CHILLIG

Wenn er nicht gerade stromaufwärts schwamm, dann relaxte Kevin gerne mit ein paar Kumpels und einem Bauch voller Plankton*, seiner Leibspeise, im Pazifischen Ozean*.

STEPPENBISON

STEFFI

ALASKA

Steffi leitete das härteste Trainingslager der Eiszeit und verbreitete ihre Fitnessidee über die ganze Mammutsteppe, die sich durch Europa, Zentralasien, Beringia* und Nordamerika zog.

Obwohl Steffi den Bisons von heute sehr ähnlich sah, war sie mit einer Größe von 4,50 Metern, den langen Hinterläufen, riesigen gekrümmten Hörnern und einem großen Buckel auf dem Rücken viel viel mächtiger.

LÖWENSTARK

Steffi wurde weltbekannt, als sie sich mit einem hungrigen Beringia-Löwen anlegte ... und den Kampf tatsächlich gewann. Ihre Cousine Bubi hatte nicht ganz so viel Glück. 1979, das war 30.000 Jahre nach ihrem Tod, fand man sie in einer Goldmine in Alaska. Die Mineralien in der Mine hatten ihre Haut blau gefärbt. Deshalb wurde sie die Blaue Bubi genannt.

SUPERMODEL

Hast du gewusst, dass die allerersten Kunstwerke vom Steppenbison handeln? In der Höhle von Altamira* in Spanien und in den Lascaux-Höhlen* in Frankreich fand man uralte Steppenbison-Malereien.

AUSGESTORBEN

Steffi wurde zwar ganz schön alt, aber andere Steppenbisons hatten weniger Glück. Sie wurden als Appetithappen gejagt – auch von den Neandertalern. Das könnte ein Grund für deren Aussterben* gewesen sein.

RIESENFAULTIER

DER LÄSSIGE LOUIS

SÜDAMERIKA

Kannst du deine Zunge rollen? Vor etwa 1,9 Millionen Jahren war Louis wegen all der Verrenkungen, die er mit seiner langen Zunge anstellen konnte, DAS Gesprächsthema im Dschungel. Denn Louis' Zunge war perfekt geeignet, um Beeren zu pflücken und nach Blättern zu angeln.

Louis konnte nur träge über den Boden schlurfen, träumte aber davon, es sich in einem Baum zwischen den Ästen, Blättern und Beeren gemütlich zu machen. Seine lässigen Verwandten heutzutage, die mit Moos bewachsenen Faultiere, haben es bis in die Bäume geschafft. Wenn er das wüsste!

EIN SUPER SNACK FÜR NEANDERTALER
Louis kämpfte nicht gerne. Das hielt die Neandertaler aber nicht davon ab, ihn mit Speeren zu jagen.

FRESSMASCHINE

Louis hatte immer Hunger und war bekannt dafür, sich sofort etwas Fressbares organisieren zu können. Er stellte sich dafür auf die Hinterbeine, krallte sich mit seinen langen Klauen die dicksten Äste und zog sie zu sich herunter.

ABSTURZ

Mit der Größe eines Elefanten war Louis einfach zuuu groß, um in einem Baum zu leben. Aber er versuchte es trotzdem immer wieder. Das endete in einer Riesenkatastrophe ...! Glücklicherweise federte Louis' dickes, zotteliges Fell den unsanften Aufprall ab.

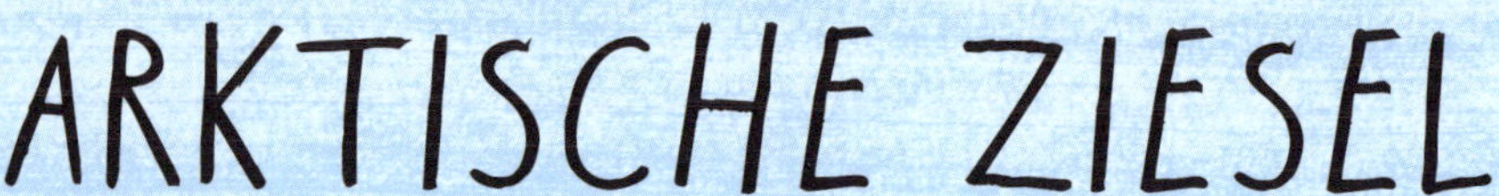

ARKTISCHE ZIESEL

DER FLAUSCHIGE FANCLUB

RUSSLAND

KALTE WINTER

Während des Winterschlafs* sinkt die Körpertemperatur der Ziesel auf minus 2,9 Grad. Im Frühling wachen die Ziesel auf und fressen die Samen und Gräser, die sie im Herbst davor in ihren Erdbauten* versteckt hatten. Draußen werden noch frische Pilze und Insekten gesnackt.

ZIESEL-STYLE

Die Mitglieder des flauschigen Fanclubs waren total angesagt! Im Sommer begeisterten sie mit rotem oder gelbem Pelz, im Herbst wurden sie wegen ihrer coolen Silberfelle gefeiert.

Der flauschige Fanclub hat sich vor 10 Millionen Jahren gegründet, als es darum ging, ein Autogramm von Greg, dem Riesenaffen, zu ergattern – seitdem ist der Fanclub den Stars immer auf den Fersen. Die Ziesel sind der Beweis dafür, dass es nicht nur auf die Größe ankommt, um gut zu sein. Sie sind nur 39 Zentimeter groß und – Jahrhunderte, nachdem meine Familie ausgestorben ist – immer noch auf Promi-Jagd am nördlichen Polarkreis* und auf der Nordhalbkugel. Das nenne ich eine echt ausdauernde Fangemeinde!

TUNNELBAUER

Die Ziesel mögen das Leben in Gruppen von bis zu 50 Tieren. Sie überlebten die langen Winter, indem sie unter der Erde in weitverzweigten Tunneln 7 bis 8 Monate lang Winterschlaf hielten. Gäbe es einen Preis für Langschläferei, dann hätten sie wohl einen bekommen.

CANIS DIRUS

DIE BRAT PACK-GANG

KANADA

Die gefürchtete Brat Pack-Gang sorgte vom heutigen Alberta in Kanada bis nach Bolivien für Ärger. Vor dieser Gang aus Rudeljägern* war kein Gebiet, ob Grasland, Wald oder Savanne*, sicher. Die Technik des gemeinsamen Jagens war so gut, dass auch heute noch die Wölfe gemeinsam unterwegs sind, um größere Beutetiere fertigmachen zu können.

DAS PERFEKTE RAUBTIER

Der Canis dirus, der „schreckliche Hund", hatte einen kurzen, breiten Kopf und kräftige Zähne. Er gehörte zur größten Wolfsart, die jemals gefunden wurde. Schon beim Gedanken an ihre enormen, fleischzerfetzenden Zähne bin ich, so schnell ich konnte, davongaloppiert. Ich wusste zwar, dass sie Pferde und Bisons fingen, aber ich hatte das ungute Gefühl, dass sie mich auch gerne auf ihre Speisekarte gesetzt hätten.

YUKON-PFERD

BETTY

KANADA

Mit ihrer blonden, wallenden Mähne und ihrem weißen Wintermantel-Fell galt Betty als absolute Schönheit des Yukon*. In der kalten Steppe verbrachte sie mit vielen Freunden und ihrer riesigen Familie lustige Tage. Ihre Nachfahren* sind die Wildpferde und die von Menschen gezähmten Pferde.

FAMILIENANGELEGENHEITEN

Wie die Wildpferde heute, so lebten damals auch die Yukon-Pferde in großen Familien zusammen. In Bettys Herde gab es einen Hengst, der das Oberhaupt der Familie und der Chef vieler anderer Stuten und Fohlen war.

WELTREKORD

Wusstest du, dass die älteste DNA, die jemals erforscht wurde, von den Fossilien* eines 700.000 Jahre alten Yukon-Pferdes stammt?

KURZNASENBÄR

MARIA

MEXIKO

Es tut mir leid, aber ich muss es sagen: Maria war eine gemeine Mobberin. Mit mir hat sie sich nie angelegt, denn sie pickte sich immer die Schwächeren heraus, um sie zu quälen. Und obwohl sich Maria ihr Mittagessen ganz leicht selber fangen konnte, wartete sie, bis andere Tiere etwas gejagt hatten. Dann klaute sie sich ganz einfach deren Essen. Sie tat sehr grimmig, stellte sich auf ihre langen, muskelbepackten Hinterbeine und reckte sich. So war sie 4,30 Meter hoch, und das hat wirklich jeden dazu gebracht, ihr seinen Fang vor Schreck zu überlassen.

GANZ SCHÖN VERFRESSEN

Ich will Maria jetzt nicht in Schutz nehmen, aber mit 900 Kilo Körpergewicht musste sie jeden Tag mindestens 16 Kilo Fleisch fressen, um nicht zu verhungern. Das war schon eine ordentliche Portion, die erst einmal aufgetrieben werden musste. Zum Glück konnte sie mit ihrer langen Nase tote Tiere erschnüffeln, auch wenn die kilometerweit weg waren.

WANDERLUSTIG

Maria stahl sich überall im hohen Grasland ihre Mahlzeiten, quer durch den Westen Nordamerikas, von Mexiko nach Alaska und Yukon – und sie konnte tagelang marschieren, ohne auch nur einmal auszuruhen.

PLUSPUNKTE

Wir verziehen Maria ihr gemeines Verhalten, nachdem sie eine Meute neugieriger Neandertaler verjagt hatte. Diese rannten um ihr Leben, als sie Maria an der Beringstraße*, dem einzigen Zugang von Asien nach Nordamerika, erspäht hatten.

RIESENGEIER

PAULA

ARGENTINIEN

Paula war der Stunt-Superstar des Spätmiozäns*. Mit einer Flügelspannweite* von 7 Metern gehörte sie zu den größten flugfähigen Vögeln, die die Welt je gesehen hat – das entsprach ungefähr der Größe eines kleinen Flugzeugs oder der doppelten Flügelspannweite eines Albatros, der längere Flügel hat, als jeder andere lebende Vogel.

KOMISCHES FEDERVIEH

Paula gehörte zur Familie der „Monstervögel", und dieser Name passte zu ihr. Sie schoss blitzschnell vom Himmel herab, um kleine Tiere wie Mäuse und Eidechsen zu fangen und sie gleich im Ganzen zu verputzen.

REKORDBRECHER

Es war gar nicht so einfach für Paula, ihren großen Körper in die Luft zu bekommen. Um von der Erde abzuheben, musste sie Anlauf nehmen. Sie rannte einen steilen Abhang hinunter und nutze dann den Wind – so wie die Drachenflieger heute. War sie einmal oben, konnte sie die ganze Strecke von den Anden bis zur Tiefebene der Pampas in Argentinien mühelos dahingleiten.

GRAZIÖSE GLEITSEGLER

Argentavis magnificens, so hieß Paulas Familie, konnten über große Entfernungen segeln. Sie waren Meister darin, ihre zum Teil 150 Zentimeter langen Flugfedern so zu bewegen, dass sie kaum flattern mussten. Und weil sie mehr durch die Luft segelten, konnten sie Ausschau nach Beute halten.

ZAGLOSSUS HACKNETTI

MATILDA

WESTAUSTRALIEN

Matilda war Weltmeister in der Selbstverteidigung, und Tiere aus der ganzen Welt reisten in ihre Heimat, das Outback im Landesinneren von Australien, um ihre erstaunliche Technik zu erlernen.

Die furchterregenden Stacheln auf Matildas Rücken waren Teil ihrer berühmten Verteidigungswerkzeuge. Sie grub ihre kräftigen Beine in den Boden und rollte sich zu einer Kugel zusammen, sodass nur ihre stachelige Rückseite sichtbar war. Danach war sie nicht mehr von der Stelle zu bewegen. Raubtiere fanden es schnell langweilig, darauf zu warten, dass Matilda sich rührte.

ZUNGENAKROBATIN

Würmer, Insekten, Larven und Ameisen standen ganz oben auf Matildas Speisekarte. Sie benutzte ihre 50 Zentimeter lange Zunge, um ganze Ameisenkolonien zum Frühstück zu verschlingen. Was für eine Zunge!

LAMMFROMM?

Matilda wog fast 30 Kilo und war etwa so groß wie ein Schaf. Sie konnte auf ihren sehr langen Hinterbeinen stehen und mit ihren riesigen Klauen Termitennester* ausplündern.

BABY-AMEISENIGEL-POWER

Matilda und ihre Geschwister konnten nur so lange im Beutel ihrer Mutter leben, bis ihre Stacheln anfingen zu wachsen.

WOLLNASHORN

HEKTOR

EUROPA

Jeder, der etwas auf sich hielt, kannte Hektor, und wir alle verehrten ihn. Seine Liebe zur Natur ermutigte unzählige Nashornbabys dazu, in seine Fußstapfen zu treten und anderen die Pflanzen ringsum zu erklären.

So wie ich auch war dieser riesige Pflanzenfresser bestens für eisige Temperaturen gerüstet. Er hatte kurze Beine und kleine Ohren, die der Kälte weniger ausgesetzt waren. Sein struppiger Pelzmantel war flauschig und dick und dank einer Schicht aus Wachs und Öl perlte das Wasser sofort von ihm ab.

TRAUTES HEIM ...

Das Zuhause der Woll-Rhinos war das kalte Grasland in Nordeuropa und Sibirien am Rande der Arktis. Hektor suchte tagein, tagaus nach unbekannten Arten von Flechten und Moosen, die er natürlich testfressen musste!

SPÜRNASEN

Wollnashörner waren zwar extrem kurzsichtig, hatten aber einen bombigen Geruchssinn. Außerdem hatten sie zwei Nasenhörner, die aus Unmengen an Haaren bestanden. Damit konnten sie unter dem Schnee nach Futter graben. Genauso wie ich mit meinen Stoßzähnen!

ZENTRALHEIZUNG

In Hektors Bauch tummelten sich einige nützliche Bakterien*, die ihm dabei halfen, Gras und Blätter zu verdauen*. Dabei wurde es in seinem Bauch ganz heiß, als hätte er dort eine Heizung, die ihn von innen wärmte.

KOPF HOCH!

Heute findet man nur selten Überbleibsel von Wollnashörnern, doch am Fuß des Himalaya wurden ein paar gut erhaltene Schädelknochen entdeckt. Diese sind wahrscheinlich schon kurz nach dem Tod der Rhinos gefroren, und den hungrigen Tieren, die darauf lauerten, waren sie dann zu kalt.

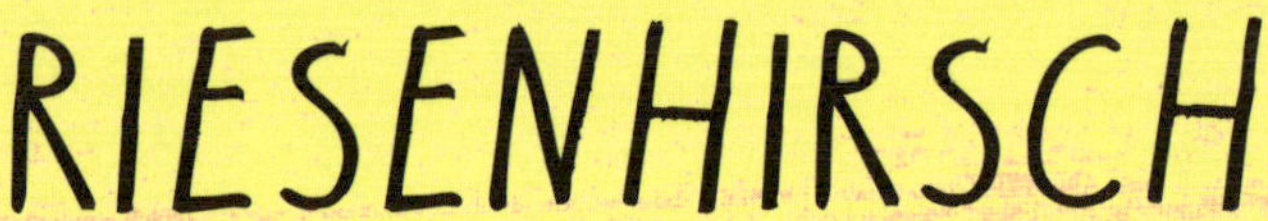

RIESENHIRSCH

PADDY

IRLAND

Mit Paddy hatten wir viel Spaß. Als er vor 1,5 Millionen Jahren das erste Mal in Irland auftauchte, behauptete er, er wäre ein Irischer Elch. Haha! Das stimmte natürlich nicht – in Wahrheit war er ein riesiger Hirsch!

Mit 2,10 Metern und 600 Kilo war Paddy nicht zu übersehen. Wir fanden ihn super, weil er so gerne lachte. Er würde es total witzig finden, dass sein unglaubliches Geweih heute an den Wänden in irischen Schlössern hängt!

VIEL LOS IM MOOR

In den irischen Mooren und Seebetten halten sich Knochen unglaublich lange. Das liegt an der Mischung aus säurehaltigem Wasser, niedrigen Temperaturen und dem Fehlen von Sauerstoff. Deshalb wurden so viele Riesenhirsch-Fossilien dort gefunden.

EIN LANGER ABSCHIED

Als sich das Klima veränderte, veränderte sich auch Paddys Lebensraum. Aus den Grasebenen wurden Wälder und Paddys riesiges Geweih verhedderte sich ganz oft in den Ästen. Da kam er nicht mehr raus und so verschwanden dann allmählich die Riesenhirsche*.

GANZ SCHÖN EINGEBILDET

Das Geweih eines Riesenhirschs war 40 Kilo schwer und von einer Geweihspitze zur anderen doppelt so lang wie dein Bett! Jedes Jahr ließ er sich ein neues Geweih wachsen – damit konnte er bei den Riesenhirsch-Weibchen mächtig angeben.

→ Pssst! Gerüchteweise sollen Paddys Verwandte noch vor 6500 Jahren in Sibirien gelebt haben.

RIESENBIBER

BILL & BEN

KANADA

Bill und Ben gehörten zu den größten Sportstars der Eiszeit, denn sie waren spitze im Synchronschwimmen. Unglaublich viele begeisterte Fans wollten sie sehen, nachdem sie bei den Olympischen Spielen des Pleistozäns die Goldmedaille gewonnen hatten.

Wegen ihrer Länge von 2,50 Metern und ihrem Gewicht von 100 Kilo waren Bill und Ben zu Fuß zwar ein bisschen tollpatschig, im Wasser sah das jedoch ganz anders aus. Da schwammen sie wie junge Götter und für Nagetiere so groß wie ein Schwarzbär verblüffend fix.

FLOTTE PADDEL

Riesenbiber hatten schmale, flache Schwänze und richtig große Hinterfüße, mit denen sie schnell wie ein Pfeil und leicht wie eine Feder durchs Wasser flitzen konnten.

RECHT EINSEITIG

Riesenbiber interessierten sich nur fürs Schwimmen. Dass sie wie die Biber heute Dämme bauten, kam erst nach der Riesenbiber-Zeit so richtig in Mode. Oder könnt ihr euch einen Damm vorstellen, der mächtig genug für einen bärengroßen Biber ist?

RIESENHAUER

Wie viele Berühmtheiten der Eiszeit (mich eingeschlossen) waren Bill und Ben Pflanzenfresser. Sie hatten ein strahlendes Lächeln mit unglaublichen Zähnen, die sich perfekt dazu eigneten, Grünzeug zu zermahlen. Ihre Schneidezähne waren 15 Zentimeter lang, mit dünnen Furchen und abgerundeten Enden.

WILLKOMMEN BEI DEN NEANDERTALERN

Die Liste der Eiszeit-Stars wäre ohne diese Typen nicht komplett. Vor 400.000 bis etwa vor 40.000 Jahren sprach man in Europa und Asien nur über sie: die Neandertaler. Sie waren anders als du, aber in deinem Familienstammbaum, vor sehr sehr langer Zeit, hattet ihr irgendwann mal gemeinsame Verwandte.

SCHLAUKÖPFE

Denk nicht, dass Neandertaler ein bisschen dämlich waren. Sie waren schlau und konnten Werkzeuge, Schmuck und Feuer machen und sogar tolle Bilder an die Wände ihrer Wohnhöhlen malen. Und ich weiß, dass sie auch geschickte Jäger gewesen sind!

Wulst über den Augen
und großer, flacher Kopf
große, breite Nase
für besseres Einatmen
und Erwärmen
der kälteren Luft
große Vorderzähne, die
wie Werkzeuge beim
Beißen und Festhalten
von Dingen halfen
kleiner Körper,
der besser an kühles
Wetter angepasst war,
da weniger Haut der
Kälte ausgesetzt war
stämmige Beine
und Arme, um bei
der Jagd die Beute
besser überfallen
zu können

LA BREA TAR PITS

LOS ANGELES, USA

Zu meiner Zeit waren die La Brea-Asphaltgruben* ein gefährlicher Ort. Viele unvorsichtige Tiere blieben in dem klebrigen Bergteer stecken, der aus dem Erdinneren hochblubberte. Und es gab kein Entkommen. Es dauerte Monate, bis ein Tier ganz in der Grube versank.

Nicht alle in La Brea gefundenen Fossilien sind von großen Tieren. Fossilien von Blütenstaub, Bienen und Libellen wurden dort ebenfalls entdeckt und die Wissenschaftler können auch von diesen kleinen Funden viel über die Eiszeit lernen.

Heute sind die Asphaltgruben berühmt, da darin die weltweit größte Ansammlung von Eiszeit-Fossilien gefunden wurde. Im Asphalt haben sich mehr als 600 Arten erhalten. Dazu zählen Schlangen, Faultiere, Berglöwen und mehr als 200.000 „schreckliche Hunde".

Dank des klebrigen Asphalts sind die Knochen noch da. Wenn die Wissenschaftler ihn sehr vorsichtig entfernen, können sie auf den Knochen auch kleinste Zahnspuren erkennen.

EISZEIT-GLOSSAR

Hier findest du das ganze Fach-Kauderwelsch, das du brauchst, um wie ein echter Eiszeit-Experte zu klingen.

AMAZONAS – Ein großer Fluss im nördlichen Südamerika.

ASPHALT – Eine schwarze, klebrige Substanz, die aus dem Erdinnern kommt und aus den schweren Teilen von Erdöl besteht.

AUSSTERBEN – Ein Tier gilt als ausgestorben, wenn seine Art nicht mehr existiert.

BAKTERIEN – Einzeller, die überall auf der Erde vorkommen und die die kleinsten Lebewesen der Welt sind.

BERINGIA – Das Land, das früher Sibirien und Alaska verband. Als die Gletscher schmolzen, wurde Beringia überflutet und ist heute eine Meerenge. Sie heißt Beringstraße.

BEUTE – Ein Tier, das von anderen Tieren gejagt oder gefangen wird, um gefressen zu werden.

CERREJÓN-BECKEN – Eine große Kohlemine in Kolumbien, die die Heimat der Titanoboas ist.

DNA – Ein langer, sehr dünner Faden. Er befindet sich in jeder Zelle eines Lebewesens und in ihm ist abgespeichert, ob es ein Mensch, ein Tier oder eine Pflanze wird.

ERDBAU – Unterirdische Höhlen und Gänge als Wohnung für die arktischen Ziesel.

FLEISCHFRESSER – Jedes Lebewesen, das andere Lebewesen verspeist.

FLÜGELSPANNWEITE – Die Entfernung von einer Flügelspitze zur anderen.

FOSSIL – Der mineralisierte Knochen oder ein anderes Merkmal eines Tiers oder einer Pflanze aus einer vergangenen Epoche.

HERDE – Eine Gruppe von Tieren, die gemeinsam leben.

HÖHLE VON ALTAMIRA – Schon in der Steinzeit haben hier in Spanien die frühen Menschen die Wände der Höhlen bemalt.

HÖHLE VON LASCAUX – In der Höhle in Frankreich gibt es mehr als 2000 gemalte oder geritzte Tierzeichnungen aus der Steinzeit.

HOLOZÄN – Die Zeit, die am Ende des Pleistozäns* vor fast 12.000 Jahren einsetzte und bis heute andauert.

KLONEN – Die Herstellung einer identischen Kopie eines Lebewesens.

NACHFAHRE – Manche Tierarten sind sehr alt und es gibt sie heute noch, aber ein bisschen anders. Die bezeichnet man dann als Nachfahren.

PANZER – Schuppige oder verknöcherte Haut, die ein Tier vor Angriffen durch Feinde schützt.

PAZIFISCHER OZEAN – Der größte und tiefste Ozean der Erde. Er liegt zwischen Amerika und Asien.

PFLANZENFRESSER – Ein Tier, das sich ausschließlich von Grünzeug ernährt.

PLANKTON – Ein Lebewesen im Meer, das sich nicht selbst bewegen kann und sich von der Strömung treiben lässt. Es ist das Essen für viele größere Tiere.

PLEISTOZÄN – Die Zeit, die vor ca. 2,6 Millionen Jahren begann und vor fast 12.000 Jahren endete.

POLARKREIS – Es gibt zwei Polarkreise: den nördlichen und den südlichen. Stell dir vor, du steckst die Weltkugel in einen Eierbecher und setzt ihr ein Basecap auf. So ungefähr kannst du dir die Polarkreise vorstellen. Sie sind die Grenze zwischen einem Polargebiet und der übrigen Welt.

REPTIL – Ein wechselwarmes Tier, das von Hornschuppen oder Platten bedeckt ist und Eier legt.

RUDEL – Eine feste Gruppe von Tieren, die gemeinsam leben und jagen und in der jedes Tier seine Aufgabe hat.

SAVANNE – Trockene Graslandschaft, die es auf allen Kontinenten gibt – nur nicht in der Antarktis.

SPÄTMIOZÄN – Die Zeit, die vor ca. 12 Millionen Jahren begann und vor ca. 5,3 Millionen Jahren endete.

TERMITEN – Insekten, die in kleinen Staaten zusammenleben. Diese Staaten können bis zu mehrere Millionen Einwohner haben.

TREIBHAUSGASE – Gase in der Atmosphäre (wie Kohlendioxid), die die Wärme von der Erde einfangen und sie wieder dorthin zurückstrahlen.

VERDAUUNG – Die Methode, mit der dein Körper Nahrung zerlegt und umwandelt, damit er sie verwenden kann.

YETI – Ein Fabelwesen, dass so ähnlich aussieht wie ein Affe, sein Zuhause ist das Himalaya-Gebirge.

YUKON – Ein Gebiet ganz im Nordwesten von Kanada.

WINTERSCHLAF – Tiere, die Winterschlaf halten, verbringen die kalte Jahreszeit in tiefem Schlummer.

Dieses Buch ist Teil unseres Programms E. A. SEEMANNs BILDERBANDE. Es umfasst Bücher und Spiele, die Kindern mit viel Spaß die bunte Welt der Kultur eröffnen: Malerei, Architektur und Kulturgeschichte, Musik, Oper, Theater und Tanz. Die BILDERBANDE macht Bücher zum Rätseln, Malen, Entdecken und Kunstmachen, Geschichten zum Vorlesen und Spiele.
Mehr erfahren Sie auf www.seemann-henschel.de, wo wir auch zum Thema „Kunst für Kinder" bloggen.
www.facebook.com/seemanns.bilderbande
www.instagram.com/seemann_henschel_verlagsgruppe

Projektmanagement: Caroline Keller
Lektorat: Iris Klein
Übersetzung: Alexandra Titze-Grabec, Wien
Satz: Gudrun Hommers, Berlin

Druck und Bindung: C & C Offset Printing Co. Ltd, China

Bibliografische Information der Deutschen Nationalbibliothek
Die Deutsche Nationalbibliothek verzeichnet diese Publikation in der Deutschen Nationalbibliografie; detaillierte bibliografische Daten sind im Internet über http://dnb.dnb.de abrufbar.

ISBN 978-3-86502-438-1